# CÓMO TRANSFORMAR TU HOGAR EN UN PARAÍSO NAVIDEÑO

## Convierte tu hogar en el mágico país de las maravillas de Papá Noel

**NORA GREY**

# Cómo Transformar tu Hogar en un Paraíso Navideño: Convierte tu hogar en el mágico país de las maravillas de Papá Noel

NORA GREY

Published by NORA A. GREY, 2024.

While every precaution has been taken in the preparation of this book, the publisher assumes no responsibility for errors or omissions, or for damages resulting from the use of the information contained herein.

**CÓMO TRANSFORMAR TU HOGAR EN UN PARAÍSO NAVIDEÑO: CONVIERTE TU HOGAR EN EL MÁGICO PAÍS DE LAS MARAVILLAS DE PAPÁ NOEL**

**First edition. November 9, 2024.**

Copyright © 2024 NORA GREY.

ISBN: 979-8227567635

Written by NORA GREY.

# Also by NORA GREY

Cómo Transformar tu Hogar en un Paraíso Navideño: Convierte tu hogar en el mágico país de las maravillas de Papá Noel

# Tabla de Contenido

Título ........................................................................................................... 1

Cómo Transformar tu Hogar en un Paraíso Navideño: Convierte tu hogar en el mágico país de las maravillas de Papá Noel ........................ 9

CAPÍTULO 1 | ADORNOS NAVIDEÑOS HECHOS A MANO ....... 12

    Cómo hacer adornos de papel con materiales cotidianos ................... 15

    Añadiendo cuerdas y un toque decorativo ........................................ 18

CAPÍTULO 2 | LA CORONA PERFECTA: RECIBIR A LOS INVITADOS CON ESTILO ................................................................. 21

    Construyendo la base con vid y vegetación ...................................... 25

    Cintas y personalizaciones creativas ................................................. 28

CAPÍTULO 3 | CENTROS DE MESA: CREANDO UN AMBIENTE FESTIVO PARA LAS COMIDAS ................................................... 31

    Cómo crear una exhibición de velas y piñas ..................................... 34

    Añadiendo nieve y brillo para el toque final ..................................... 36

CAPÍTULO 4 | PANTALLAS DE LUZ PARA EXTERIORES ........... 38

    Cómo elegir las luces y su ubicación adecuadas ............................... 40

    Realzando con guirnaldas y formas LED .......................................... 43

CAPÍTULO 5 | ENVOLTURA DE REGALOS DIY ............................ 45

    Diseño de etiquetas de regalo personalizadas con adornos ............... 47

    Cómo crear un elegante papel de regalo con plantillas y pintura ...... 49

CAPÍTULO 6 | LA GRAN FINAL ........................................................... 51

Coordinación de decoraciones interiores y exteriores ........................ 53

Cómo añadir aromas y sonidos para crear un ambiente festivo multisensorial .................................................................................... 55

RESUMEN ............................................................................................ 57

PLAN DE ACCIÓN ESTRATÉGICO ................................................. 60

# INTRODUCCIÓN

LA NAVIDAD TIENE UNA forma especial de transformar hasta las casas más básicas en cálidos y acogedores refugios de felicidad. ¿Y si pudieras tener algo más que un hogar cómodo? ¿Qué pasaría si tu sala de estar estuviera llena de toda la maravilla y el encanto del mundo de Papá Noel este año, con cada rincón y grieta radiante de alegría y cada pequeño detalle reflejando tu propio y único espíritu navideño?

Imagina entrar y ser transportado instantáneamente a un paraíso invernal, donde cada adorno cuenta una historia y las luces brillantes del exterior rivalizan con el brillo de las estrellas. Eso es precisamente lo que vamos a hacer: convertir tu casa en un paraíso navideño encantado que parece como si el mismísimo Papá Noel la hubiera decorado.

Lo mejor es que puedes lograrlo sin tener un título en diseño de interiores ni una gran cuenta bancaria. Ponle fin a las costosas decoraciones de los grandes almacenes que hacen que tu bolsillo se sienta menos feliz.

Hablamos del encanto de los proyectos DIY, en los que materiales tan comunes como el papel, el cordel y las piñas se convierten en herramientas creativas que permiten convertir la casa en un refugio alegre que rezuma comodidad, originalidad y calidez. Esta es la época del año para relajarse, combinar elegancia y sencillez, artesanía y encanto, y mantener la diversión y la originalidad.

Los adornos hechos a mano son el punto de partida de la magia.

Sin embargo, no se trata de los típicos y olvidables adornos que se compran en las tiendas.

No, son fragmentos imaginativos que has exhibido con orgullo en tu árbol, brillando con el amor y el esfuerzo que pusiste en crearlos. Imagina formas básicas de papel unidas por un pequeño trozo de cuerda y recubiertas con una fina capa de pintura. Parece tan simple, quizás demasiado simple, ¿no? Esa es la clave. Su potencia proviene de su simplicidad. ¿Qué es lo mejor, entonces? Estas pequeñas obras de arte no son exclusivas de tu árbol. Se pueden usar como adorables etiquetas de regalo o para colgar sobre repisas o puertas.

De repente, tus manos han aportado a cada rincón de tu casa ese toque extra de encanto navideño.

A continuación, vamos más allá de la decoración convencional del árbol e incorporamos algo un poco más elaborado: coronas de colores. Una corona que llame la atención en lugar de simplemente estar en la puerta. Hablamos de cintas que aportan el toque ideal de estilo festivo, bayas artificiales que estallan con los colores vivos del invierno y ramas de parra que se retuercen y enroscan formando un intrincado círculo.

Es similar a crear una obra de arte en vivo, en la que cada componente que selecciones tiene una historia única que contar. Y esta corona se convierte en algo más que un simple adorno una vez que está colgada. Es una forma de decir "Bienvenidos a la Navidad" a todos los que entran por tu puerta, dándoles una cálida bienvenida.

Hablemos ahora de la mesa del comedor, que es el centro de cualquier celebración. ¿Sabías que todo parece concentrarse en esa mesa? Un par de vasos de ponche de huevo, historias y risas. Es mucho más que un simple restaurante: es un lugar para crear recuerdos.

¿Y qué mejor manera de crear un punto focal para esos momentos que con un exquisito centro de mesa hecho en casa? Hablamos de velas que parpadean y tienen un brillo suave y acogedor. Piñas de pino, dispuestas descuidadamente para brindar una sensación rústica e invernal. Y para un toque final de encanto, nieve artificial esparcida como una fantasía de la primera nevada. Aquí no se trata de la perfección. El objetivo es capturar la belleza natural de la naturaleza y permitir que el punto focal hable por sí mismo.

Has creado un ambiente en el que cada comida parece una celebración cuando las luces se apagan y las velas parpadean.

Sin embargo, debemos ir más allá del interior de tu casa, ya que el exterior ofrece una primera mirada al mundo de las maravillas que has construido. Adéntrate en el espectacular espectáculo de luces al aire libre.

Nada se compara con el encanto de las luces brillantes en una noche de invierno fresca y oscura. Es como prepararse para la gran llegada de Papá Noel. Pero aquí es donde comienza la diversión: estas luces transmiten historias además de ser decoraciones.

Añaden vitalidad a tu casa, ya sea que estén colgadas sobre arbustos, envueltas alrededor de árboles o colocadas a lo largo de vallas. Llaman la atención sobre los pequeños detalles, que le dan dimensión a la noche y transforman tu jardín delantero en un escenario en el que las estrellas parecen ser parte de la acción.

Pero primero, la seguridad. Debido a que la alegría que brindan tus luces debe ser lo único más brillante que tus luces, siempre usa luces aptas para exteriores y sigue las instrucciones del fabricante.

Además, no se trata solo de colgar luces y dar por finalizado el día. Ah, no, lo divertido son los extras: esferas luminosas colocadas en la nieve, guirnaldas iluminadas que se enrollan en la barandilla del porche y, tal vez, incluso algunas formas de LED que añaden el toque justo de encanto caprichoso.

Aquí es donde realmente puedes expresar tu creatividad. Puedes crear un escenario que no solo ilumine la velada, sino que también invite a los demás a experimentar la comodidad de tu ambiente festivo. ¿Quién sabe? Puede que la gente se detenga para disfrutar de la magia de tu decoración, lo que la convertirá en el tema de conversación del vecindario.

Todo lo que necesitas, incluido papel, cuerda, velas y piñas, está frente a ti.

LA VERDADERA ESENCIA de la magia navideña no reside en las etiquetas de precios de los grandes almacenes, sino en el corazón y las manos del creador: tú. Con cada proyecto de bricolaje, no solo estás añadiendo decoración a tu hogar, sino que estás tejiendo tu personalidad en cada rincón, cada luz y cada destello.

# CAPÍTULO 1
# ADORNOS NAVIDEÑOS HECHOS A MANO

Hacer tus propios adornos añade un toque especial que ningún adorno de la tienda puede igualar. Tienes el poder de transformar materiales ordinarios en algo lleno de vida y único que exprese tu identidad y la festividad que deseas crear. Los adornos personalizados son más que simples adornos; son fragmentos de ti dispersos entre las ramas, cada uno de los cuales revela una historia diferente a cada paso que se le da. Con sus recuerdos y toques únicos, tu árbol comienza a adquirir la sensación de un viejo amigo que nunca podría ser replicado por un oropel barato.

Una opción es empezar con algo tan básico como el papel. Unas cuantas hojas (quizás las que han estado tiradas sin usar) se transforman de repente en otra cosa. Unos cuantos pliegues y cortes pueden crear corazones, estrellas o copos de nieve. Tu adorno puede seguir siendo atractivo sin ser elaborado; su encanto proviene de su corte ligeramente descentrado y sus bordes ásperos. Esto comienza a sumarle atractivo.

Cuando los cuelgues, verás cómo las luces los atrapan y crean sombras danzantes en el espacio. Al igual que los copos de nieve que caen fuera de tu ventana, cada uno es distinto y no hay dos iguales.

Piensa en lo que ya tienes en casa, como botones, cintas gastadas y retazos de tela. Están ahí, listos para ser transformados en una ocasión alegre. Con un poco de pegamento y perseverancia, estos objetos abandonados ahora pueden cobrar vida con encanto festivo.

¿Esos botones? Se convierten en el centro de atención de un encantador muñeco de nieve. ¿Ese lazo? Se acurruca cómodamente entre las ramas y rodea una pequeña caja de regalo que has hecho. Cada pieza es una historia que has creado con habilidad.

Las piñas son otra mina de oro creativa. Le dan a tu árbol de Navidad un toque rústico y terroso y son gratuitas, recién sacadas de la naturaleza. Coge algunas del exterior, límpialas rápidamente y deja volar tu creatividad. Una pizca de pintura blanca para simular el aspecto de la escarcha o una pizca de purpurina para capturar perfectamente la luz de las velas marcarán una gran diferencia. Con un poco de cordel o cuerda enrollada alrededor de la parte superior, puedes crear fácilmente un adorno que lucirá genial en una cabaña durante el invierno.

Pero la sencillez no lo es todo. A veces, quieres arriesgarte y ser más atrevido. ¿Por qué no hacer algunos adornos llamativos? Para ello, la arcilla es ideal. Todo lo que necesitas es un poco de arcilla que se seque al aire, un rodillo y cortadores de galletas; no se requiere un horno ni ningún equipo sofisticado. Presiona las formas sobre la arcilla, extiéndela y déjala secar.

Antes de que te des cuenta, tendrás piezas hermosas y resistentes que pueden ser simples para lograr un aspecto más natural, pintadas o con brillo. Puedes colgar lo que quieras, estrellas, renos, árboles de Navidad... puedes hacer que todo brille intensamente desde las ramas de tu árbol.

¿Y qué tal el fieltro? El mejor amigo de los artesanos: es suave, colorido y fácil de trabajar. Se cortan formas, como un hombrecito de jengibre o una media navideña, se rellenan con un poco de algodón para que queden mullidos y cómodos y se cosen con hilo.

Es un artículo hecho a mano que le da un toque acogedor a tu árbol; solo tienes que atar una cinta en la parte superior. Cada puntada aporta una pequeña parte de ti a la temporada navideña, lo que la hace significativa y personal.

Las cuentas son ideales para las personas que disfrutan de un poco de brillo en su vida. Puedes hacer adornos para tu árbol que brillen como pequeñas estrellas. Toma un poco de alambre, ensarta una variedad de cuentas de colores vivos y luego tuércelas y dóblalas para darles la forma que desees, como estrellas, copos de nieve o incluso formas abstractas que le darán a tu decoración un toque contemporáneo.

Cuando la luz incide en ellas en el ángulo correcto, los destellos de color rebotan en el espacio. ¡Y es muy sencillo! Cualquiera puede unir cuentas, incluso si no es muy hábil con las manualidades, y el efecto final te hará sentir como si hubieras perfeccionado el arte de la magia navideña.

La forma en que se combinan todos estos adornos hechos a mano es lo que los hace tan hermosos. Uno por uno, agregan toques únicos a tu árbol: momentos de tu vida cosidos, adheridos o retorcidos para darles forma. Son únicos porque no son perfectos.

Tu árbol no parece sacado directamente de una vidriera de una tienda departamental, sino que refleja tu personalidad y las vacaciones que has planeado para tus seres queridos.

Imagina por un momento ese árbol, brillando suavemente en la luz del crepúsculo. Quizás haya un fuego crepitante cerca y la habitación esté llena del aroma a pino. Cada adorno tiene una historia de fondo, ya sea un recuerdo de este año o de años anteriores, el regalo de un amigo o algo que hayas hecho a mano en una tarde de ocio.

Son más que simples adornos; son recuerdos que te traerán recuerdos cada vez que los saques de la caja el año siguiente y el año siguiente. Son más que simples adornos para tu árbol; son un elemento integral de la costumbre y la ocasión.

Y ahí reside toda la magia. Una tienda puede venderte un árbol lleno de adornos brillantes y bien hechos, pero nada tendrá jamás el mismo valor sentimental que algo que hayas fabricado tú mismo.

Hacer tus propios adornos es una excelente manera de preservar recuerdos y crear algo que durará mucho más que cualquier caja de adornos comprados en tiendas. Al traer una parte de ti a las fiestas y colgarla para que todos la vean, estás haciendo más que simplemente decorar.

En una época en la que se puede comprar cualquier cosa con un solo clic, tomarse el tiempo para crear algo a mano es algo único.

Le da a las vacaciones una sensación de comunidad y comodidad que no se puede igualar con nada que esté envasado previamente.

Tu hogar se llena de esa inconfundible magia navideña a través del proceso de creación, ya sea un simple copo de nieve de papel o un elaborado adorno de cuentas.

# Cómo hacer adornos de papel con materiales cotidianos

Deja volar tu creatividad con unas tijeras, una variedad de revistas viejas y, posiblemente, cualquier resto de papel de regalo que hayas rescatado del año pasado. Hay algo en la conversión de papel normal en adornos navideños mágicos que me hace feliz. Es como transformar pieza por pieza lo ordinario en extraordinario. Unos cuantos pliegues y cortes son todo lo que se necesita para crear una estrella de papel. Puedes empezar cortando pequeños corazones y estrellas y experimentando con diferentes formas que te gusten. Tal vez el diseño tradicional de un árbol de Navidad o una campana colgante te sirvan para crear el ambiente. Ya tienes los materiales que necesitas en tu casa; solo están escondidos a simple vista, esperando a ser transformados en una creación festiva.

Aplana la caja de cereales que ibas a tirar a la basura. Puedes usar rápidamente esa superficie marrón opaca como base para tus adornos de papel festivos. Recorta algunas formas, como estrellas, árboles o, si eres muy atrevido, un copo de nieve.

Consigue esos rotuladores, los restos de pintura en aerosol o incluso el esmalte de uñas si te sientes más atrevida y añade algo de color. Añade colores vivos, patrones y motivos en esas superficies sin vida para que tus adornos destaquen. ¿Lo mejor de todo? Cada persona es única. Un poco de rojo aquí, un poco de purpurina allá y, de repente, tu casa se siente cálida y llena de pedacitos de ti.

No es necesario ser un experto artesano para hacer algo excepcional. Involucre a toda la familia y deje que los niños diseñen sus propias formas únicas.

Es posible que el resultado final parezca más una mancha que una campana, pero eso es parte del atractivo. El atractivo está en las imperfecciones; los pequeños detalles del diseño acentúan la sensación de estar hecho a mano. Tal vez quieras optar por algo sencillo y mantener un estilo minimalista utilizando solo papel blanco. Alternativamente, podrías querer una explosión de color vibrante que le dé energía a tu árbol. Todo depende de ti, de todos modos.

Considera agregar algo de textura a esas estrellas de papel si te sientes muy creativo.

Antes de desplegarlos, arrúgalos un poco para que parezcan que han estado colgados en el Polo Norte durante mucho tiempo. Si añades una capa de purpurina para crear un efecto escarchado, transformarás tu estrella de papel común y corriente en una reliquia del taller de Papá Noel. No te detengas ahí. Saca esos botones viejos de tu kit de costura y usa pegamento para pegarlos como pequeños adornos a los adornos de papel. ¿Quién habría pensado que un botón viejo al que le falta un par podría recuperarse y usarse como un complemento festivo para tu árbol?

Existen innumerables ideas para hacer manualidades con papel. Puedes hacer una guirnalda rápidamente uniendo muchos círculos de papel. Haz un círculo a la vez y deja que los colores cambien a rojo, verde y dorado, y verás cómo tu habitación empieza a tener un aire festivo. Otra opción es intentar algo más complejo. Cuando despegues el papel, obtendrás una hilera de estrellas o árboles de Navidad interconectados. Dobla el papel en pliegues de acordeón y corta formas a partir de los pliegues. ¿La sensación de logro que se tiene al utilizar recursos tan básicos para crear algo tan llamativo? Es insuperable.

Además, no te limites a formas simples. Con unos pequeños cortes aquí y allá, los conos de papel se pueden transformar fácilmente en árboles de Navidad. Puedes crear un bosque fantástico en tu sala de estar apilando, pintando y agregando pequeños pompones en la parte superior. No tiene por qué ser difícil. Un poco de inventiva con papel ayuda mucho.

Busque en su armario los materiales necesarios; las bolsas de papel marrón funcionan bien como lienzos para adornos caseros. Córtelas en tiras, dóblelas en forma de estrella o retuerza y trence las bolsas para hacer coronas.

El ambiente cálido y hogareño del papel marrón puede realzar la comodidad de tu decoración navideña. Para lograr un encanto orgánico y artesanal, adórnalos con cordel, frutas secas o incluso ramitas de plantas.

Lo inesperado es lo que tiene magia. Tal vez había otro uso para esos viejos tapetes que acumulaban polvo en el cajón. Después de doblarlos en forma de copos de nieve, cuélgalos de las ventanas y observa cómo la luz los atrapa, creando hermosas sombras que bailan en el espacio. ¿Ese mapa antiguo que tienes escondido en la parte trasera del armario?

Córtalo en forma de estrella, dejando que los caminos y las líneas le den a cada adorno una textura visual distintiva. También puedes usar papel de periódico para crear adornos rústicos con un toque antiguo. Transforma de inmediato una pieza antigua en algo completamente nuevo aplicando un poco de pintura dorada en los bordes.

Además, recuerda utilizar papel para las etiquetas de tus regalos. Haz pequeños cuadrados con los restos de tus adornos. Ahora podrás personalizar completamente tus regalos añadiendo un poco de cordel. Tus paquetes tendrán un toque artesanal que unificará todo, en lugar de las etiquetas genéricas que se compran en las tiendas.

Hacer que las cosas parezcan bonitas no es lo único que se necesita para hacer manualidades con papel. La clave es tomar lo que ya tienes y convertirlo en algo significativo. Ver cómo los trozos de papel que antes estaban escondidos en tu casa cobran vida y añaden color a tu árbol te llena de una sensación única de felicidad. También se trata del proceso creativo, más que solo del resultado final. Ese es el momento en el que te pones a trabajar con un montón de tijeras, pegamento y trozos de papel y permites que tus manos transformen algo común en algo espectacular.

El papel tiene esa capacidad de hacer que todo parezca más personal. Es alegre, desenfadado y maleable. Puede hacerse elegante o básico. Puedes pintarlo, doblarlo, torcerlo o triturarlo. Las opciones son ilimitadas. Con cada pieza, no solo adornos, estás creando recuerdos que colgarán en tu árbol este año y todos los años siguientes, ganando importancia con cada temporada festiva que pase.

# Añadiendo cuerdas y un toque decorativo

Para que tus adornos destaquen, no basta con darles una forma sencilla, sino que también debes añadirles ese toque único que los haga únicos. El cordón, un elemento pequeño pero poderoso que hace más que simplemente colgar el adorno en el árbol, es el punto de partida. Puedes utilizar un trozo de cinta que hayas reciclado de un regalo viejo, un cordel fino o un hilo de colores.

SI COLOCAS LOS ADORNOS con mucho cuidado y te aseguras de que queden a la altura ideal, conseguirás que tu árbol de Navidad tenga la máxima armonía. Cada componente parece haber sido cuidadosamente colocado por elfos, ya que se balancea suavemente y capta la luz a la perfección.

Pero cuando se puede ir más allá, ¿por qué detenerse en la cuerda? La verdadera diversión comienza cuando se agrega ese toque extra. Imagine una franja de purpurina esparcida sobre sus decoraciones, brillando bajo las luces navideñas.

Tal vez no sea solo purpurina; tal vez cada pieza tenga pequeños copos de nieve pintados o estrellas doradas que se dibujan meticulosamente a mano para brindar aún más atractivo. Esos pequeños detalles son los que realmente cuentan. Cada adorno debe sentirse como si el espíritu festivo lo hubiera besado; cada uno debe parecerse a un pequeño trozo de encanto colgando de las ramas.

Enhebrar los adornos se está convirtiendo en una artesanía en sí misma. El hilo debe realzar el diseño en lugar de eclipsarlo.

El secreto es mantener el hilo discreto para que el adorno ocupe el centro de atención. Un pequeño hilo de oro o plata, o incluso un hilo de pescar transparente, atraerá la atención hacia el punto focal de la pieza. Para darle un toque más extravagante, considere usar hilo de panadero rojo y blanco para evocar sentimientos de temporadas navideñas pasadas. Está creando un ambiente y haciendo que cada movimiento importe; no está simplemente colgando adornos.

UNA VEZ QUE HAYAS COLOCADO la cuerda, debes pensar dónde quieres colocar los adornos. Todo se reduce al espacio. Tu árbol parecerá desordenado si están demasiado juntos; escaso si están demasiado lejos. Tiene cierto ritmo y equilibrio. Los adornos deben parecer que flotan en el espacio y giran lentamente en respuesta al movimiento del aire. Mientras que algunos deben ubicarse más arriba en el árbol, donde las luces pueden crear sombras llamativas, otros deben colgar bajos, hacia las puntas de las ramas.

HABLEMOS UN MOMENTO de la purpurina. Es uno de esos elementos que tiene la capacidad de transformar de repente un objeto común en algo espectacular. Un poco es suficiente, por lo que no es necesario cubrir completamente las decoraciones con ella. La escultura tiene un aspecto escarchado que se logra aplicando ligeramente pegamento sobre los bordes y luego espolvoreándola con purpurina fina. El brillo sutil es lo que atrae la mirada y resalta los pequeños rasgos. El truco es aplicarlo en la medida justa, ni demasiado espeso ni demasiado escaso.

Es importante saber cuándo parar, al igual que con las mejores decoraciones.

Por supuesto, hay otras formas de agregar estilo además del brillo. Considere organizar las texturas en capas. Tal vez coloque un pequeño botón en el medio de una estrella o envuelva una pequeña cinta alrededor de la parte inferior de un adorno colgante. Las composiciones se sienten más deliberadas y significativas debido a estos pequeños detalles. También podría pintar algunos diseños, como pequeñas hojas de acebo en la parte superior o una franja de bastón de caramelo alrededor del borde.

El adorno parece más que una simple decoración gracias a estos matices, que le dan carácter y profundidad.

Ver cómo un adorno cobra vida con unos pocos detalles colocados estratégicamente es muy gratificante. Tu diseño adquiere una dimensión sutil cuando incorporas pequeñas cuentas o lentejuelas. No es necesario exagerar: una pequeña cuenta en el borde de una estrella de papel o unas cuantas lentejuelas esparcidas alrededor de la forma de un árbol pueden tener un gran impacto. Los pequeños detalles son los que le dan un toque especial al conjunto y le dan a tu árbol un brillo único.

Además, puedes experimentar con materiales poco convencionales. Considera atar una cuerda de campanitas alrededor para que el adorno tintinee suavemente mientras se mueve. También puedes agregar algunas piñas en la parte superior para darle un aspecto rústico y natural. Usa cualquier papel de regalo adicional para crear formas en miniatura que puedas usar como decoración.Puedes superponer patrones, experimentar con el color y agregar intriga al diseño. La idea es disfrutar y dejar que tu originalidad brille en cada adorno.

No hay que pasar por alto el color. La combinación de colores adecuada puede unificar todo y dar a tu árbol una apariencia unificada. Puedes elegir un tema, como los clásicos rojos, verdes y dorados, o ir más contemporáneo con azules, plateados y blancos. Al decorar, piensa en cómo cada componente complementa a los demás. ¿La forma en que el brillo refleja la luz mejora la apariencia general? ¿La cuerda llama la atención sin restarle protagonismo a los colores?

Todo se reduce a armonizar y permitir que cada elemento brille de su manera única.

No hay prisa al trabajar en estos adornos. Deja que cada uno se desarrolle a medida que avanzas. Puede comenzar como una simple estrella, pero tan pronto como agregas el hilo, la brillantina y los pequeños adornos pintados, se convierte en algo completamente original. Tanto literal como conceptualmente, el hilo une todo, dirige el diseño y resalta tus toques únicos.

# CAPÍTULO 2
# LA CORONA PERFECTA: RECIBIR A LOS INVITADOS CON ESTILO

Una corona es tanto una invitación como un adorno. Es lo primero que la gente ve cuando llega a tu puerta; es una cálida bienvenida a tu hogar desde el momento en que alguien llama a la puerta. Más que un simple color o simetría, el objetivo de crear la corona ideal es condensar el espíritu de la temporada en un único círculo alegre. Tu corona marca el tono de lo que hay detrás de esa puerta, ya sea que te guste mantener las cosas clásicas o volverte loco con detalles inusuales. Alude a las delicias que se encuentran en el interior, aportando calidez, humor y el encanto distintivo de la temporada.

Empieza por la base. La sensación de las ramas perennes en tus manos mientras las tejes en esa forma esférica tradicional tiene una cierta cualidad gratificante. Ya sean reales o falsas, sirven como base y marco que mantiene la coherencia de tu idea. No solo estás dando forma a un espacio con cada giro y pliegue, sino que también estás creando una atmósfera acogedora que casi pide a gritos chocolate caliente y villancicos junto a la chimenea. Si optas por el pino real, el aroma a pino llena el aire con ese toque distintivo del invierno y trae recuerdos de noches alegres y árboles cubiertos de nieve. Es un estado de ánimo, no solo un adorno.

Ahora incorporémosle algo de personalidad. No te conformes con los típicos lazos y bayas. Considera las capas, la textura y las formas en que cada elemento podría realzar la narrativa que tu corona intenta transmitir.

Tal vez sea el aroma intenso y picante que emanan los manojos de ramas de canela atadas con hilo. Otra opción es optar por naranjas secas, ya que su color intenso y su delicado aroma rinden homenaje a las antiguas costumbres navideñas. No solo estás haciendo una corona, sino que también estás combinando texturas y olores para crear una sobrecarga sensorial que saluda a los invitados tan pronto como llegan a tu porche.

Es necesaria cierta dosis de talento artístico, pero no tiene por qué ser impecable. Hay momentos en que el tumulto tiene belleza.

Puedes añadir ramitas de eucalipto o romero que sobresalgan en ángulos aleatorios, o puedes dejar algunas hebras de hiedra colgando de la parte inferior para dar la ilusión de que la corona crece mientras cuelga. No es necesario que sea exacta. Debe tener vida, como si acabara de ser sacada de un jardín invernal, espolvoreada con escarcha y colocada triunfalmente en tu puerta de entrada. Son los defectos, como las bayas ligeramente torcidas o la cinta que se enrosca descontroladamente con el viento, los que la hacen inolvidable.

Y hablando de cintas, esta es la parte realmente emocionante. Olvídate de los típicos lazos prefabricados que puedes comprar en cualquier tienda de manualidades. Debe resaltar para que quieras que resalte. Tal vez sea una cinta de terciopelo de color carmesí intenso, o tal vez sea un diseño a cuadros que te recuerde a los cálidos suéteres de franela y las frías noches pasadas junto a la chimenea. ¿Por qué no usar encaje en su lugar? Algo inesperado y elegante que haga un suave contraste con el follaje áspero. La clave está en las capas; deja que una cinta fluya en bucles sueltos y atrape la luz mientras se mueve, o deja que una cinta se entrelace entre las ramas. El objetivo es que parezca simple, incluso si te tomó 30 minutos perfeccionarlo.

No temas incorporar elementos al diseño de tu corona que puedan parecer fuera de lo común. Si bien las piñas son un complemento tradicional, ¿qué tal pequeños copos de nieve de madera? ¿O quizás una serie de pequeñas campanitas que suenen suavemente cada vez que se abre la puerta?

También puedes usar retazos de tela, como muestras de mantas navideñas que tengan un valor sentimental o bufandas antiguas. Estos pequeños adornos le dan personalidad a tu corona y la elevan por encima de una decoración navideña básica a algo increíblemente único.

La parte fascinante está en la combinación de colores. Aunque siempre son fiables, los tradicionales rojo y verde no son necesarios. El dorado y el plateado añaden un toque de refinamiento y capturan a la perfección la luz del invierno.

Tal vez quieras crear un efecto escarchado con tonos blancos, plateados y azules, dando la impresión de que tu corona ha sido sacada directamente de un bosque cubierto de nieve.

Alternativamente, use tonos tierra cálidos (naranjas quemados, burdeos intenso y acentos cobrizos que brillen sobre el fondo del follaje) para lograr un ambiente más rústico.

A medida que la corona comienza a tomar forma, piensa en los detalles finales. Una corona parece incompleta sin un poco de brillo.

Puedes tejer pequeñas luces de hadas entre las ramas; serían lo suficientemente modestas como para brillar sin desviar la atención de la belleza inherente del follaje. Alternativamente, puedes optar por adornos delicados ocultos entre el follaje, como pequeñas bolas de vidrio o criaturas de madera con formas interesantes. Llamarán la atención sin ser el centro de atención.

La ubicación tradicional de una puerta es en el medio, pero ¿por qué no ser un poco creativo?

Para lograr un estilo más rústico, prueba a colgarla de una cuerda gruesa; como alternativa, opta por una forma asimétrica y colócala ligeramente a un lado para darle un toque contemporáneo. Para darle a tu hogar un toque cálido y festivo, incluso puedes incorporarla a una decoración más grande colocando faroles a ambos lados o enmarcando la puerta con guirnaldas.

Es importante considerar la corona como el punto focal de la decoración navideña al aire libre; debe ocupar el centro del escenario sin resultar abrumadora.

¿Y cuál es el aspecto más divertido de crear tu propia corona? Se convierte en un reflejo de ti, de tu hogar y de lo que quieres expresar al mundo durante las fiestas. No se trata de la perfección, sino de combinar los colores, las texturas y los aromas que más te gusten.

Tal vez eso requiera mantener los componentes clásicos como las bayas y el acebo, o tal vez requiera algo totalmente poco convencional, como plumas o adornos antiguos del árbol con el que creciste. Independientemente del diseño que elijas, tu corona sirve como una especie de señal para tus invitados de que están entrando en un espacio lleno de amor, alegría y festividad.

# Construyendo la base con vid y vegetación

Las coronas de vid pueden parecer sencillas a primera vista, pero su naturaleza retorcida y sin procesar (la forma en que se curvan y enredan orgánicamente) tiene cierta elegancia. Con la base, aquí es donde todo comienza. No hay necesidad de apresurarse. Comience sintiendo la textura y la curvatura de cada pieza mientras pasa los dedos por las enredaderas gruesas y rústicas. Ya sea que recoja las enredaderas usted mismo o las compre en una tienda de manualidades, las coronas de vid tienen un aire orgánico y terroso que marca el tono de todo el arreglo. Es un lienzo en blanco que espera ser adornado para crear algo verdaderamente festivo.

Sujeta la corona y escucha sus deseos mientras comienzas a crearla. No la fuerces a formar un círculo perfecto: deja que las vides se enrosquen y se superpongan de forma natural, tal como lo pretendía la naturaleza. El atractivo de las coronas de vides reside en su aspecto ligeramente salvaje y desgastado. No estás haciendo una corona perfecta de fábrica, sino algo único y claramente tuyo, lleno de personalidad y estilo navideño.

Trabajar con la vid es mágico porque es flexible, tolerante y está llena de posibilidades. Ahora es el momento de agregarle algo de follaje.

El bordado le da vida a tu corona. Todo se reduce a tejer las ramitas artificiales en las vides, ya sea que uses ramas artificiales o ramas de pino frescas que hayas cortado del jardín. No tienes que preocuparte por la precisión. Comienza por colocar las piezas en varias direcciones, dejando que algunas cuelguen sueltas y que otras encajen cómodamente en los espacios intermedios.

Cualquiera que elijas, siempre que cree ese ambiente festivo y exuberante, servirá: pino, abeto o cedro. El secreto es que parezca natural, como si la corona hubiera tomado su forma espontáneamente después de haber sido mordida por una helada invernal. Es más importante crear algo que parezca atractivo, vivo y fresco que algo que sea extremadamente refinado.

A continuación están las bayas de plástico. Mezclar elementos artificiales y naturales puede parecer extraño al principio, pero aquí es donde viene la diversión.

Tu corona tiene un aire festivo sin abrumar los sentidos gracias al contraste creado por los brillantes toques de rojo contra el verde oscuro. Dispérsalas, colocándolas debajo del follaje para que sobresalgan como pequeñas joyas. Como tesoros perdidos que esperan ser descubiertos, algunas pueden reunirse en un lugar mientras que otras pueden dispersarse por toda la corona. Al igual que los signos de puntuación en tu diseño, las bayas atraen la mirada sin ser el centro de atención.

Todo se reduce al equilibrio, pero no al tipo que hay que tener en cuenta demasiado. Deja que la corona tome forma a medida que avanzas, confiando en tus instintos. Si algo te parece bien, probablemente lo sea. Y no tengas miedo de ser creativa con otras texturas también. Añade algunas ramitas de eucalipto o romero para añadir dimensión y una fragancia sutil. Estos detalles elevan tu corona de algo común a algo exclusivamente tuyo. La combinación inesperada de materiales (pino, vid, eucalipto) la hace un poco impredecible, un poco salvaje, y ese es exactamente el objetivo. No solo estás decorando; estás creando una pieza de la temporada navideña que se siente orgánica y vivida.

Una vez que la vegetación esté en su lugar, retroceda un momento. La corona debe sentirse llena, pero no sobrecargada. La vid aún debe asomarse en algunos lugares, ofreciendo destellos de su forma cruda y natural. Esta es la base: fuerte, simple y lista para cualquier toque festivo que decida agregar a continuación.

Mientras sostienes esa base en tus manos, hay una cierta satisfacción en saber que estás trabajando con algo tan elemental.

La vid, retorcida y doblada para darle forma, se convierte en el corazón de tu diseño. Es resistente, pero no rígida, lo que te permite tejer y colocar capas libremente. La vegetación que la cubre suaviza los bordes, lo que hace que todo parezca vivo, como si se extendiera para dar la bienvenida al frío del invierno. Pero la corona aún no está terminada. Hay más por construir, más por incorporar a este círculo de espíritu navideño.

Piense en los pequeños detalles. Unas cuantas piñas en las esquinas, cuya textura leñosa aporta un encanto rústico.

Colócalas entre las ramas, como si hubieran caído allí de forma natural, atrapadas en las enredaderas a medida que crecían. O tal vez prefieras algo más delicado, como unas cuantas hebras de flores secas o pequeños manojos de ramas de canela atadas con hilo. Estos detalles no son solo decorativos; son piezas de memoria, que resaltan los aromas y las texturas de la temporada. Cada elemento que agregas se basa en la historia que cuenta la corona, capa por capa.

Es en estos pequeños detalles donde tu personalidad brilla. Tal vez optes por un estilo más minimalista, dejando que la parra y la vegetación hablen por sí solas, o tal vez amontones adornos y adornos en la corona hasta que casi rebose de alegría navideña. El punto es que no hay una forma correcta o incorrecta de hacerla. Así como cada hogar tiene sus propias tradiciones, cada corona adquiere vida propia, moldeada por las manos que la crean.

Si te sientes aventurera, prueba a enhebrar un poco de cinta. Una cinta gruesa y llamativa en un rojo festivo o dorado puede transformar tu corona de simple a espectacular.

Envuélvelo sin apretarlo alrededor de la corona, dejándolo que se enrede entre las ramas como una cinta que se enrolla en un regalo. O tal vez prefieras algo más sutil, un trozo fino de cordel o una cinta en tonos apagados que complemente los colores naturales de la vegetación.

La forma en que la cinta se riza y fluye agrega movimiento, lo que hace que la corona se sienta dinámica, viva con el espíritu de la temporada.

Y luego, existe la opción de agregar un poco de brillo. Tal vez sea una cadena de luces de colores que titilen entre las ramas, emitiendo un brillo suave que llame la atención mientras titila con la luz del atardecer. O tal vez sea un poco de purpurina, aplicada con moderación en las puntas de la vegetación para que brille lo suficiente como para que parezca mágico, sin opacar la belleza natural de la corona. Las luces, la purpurina, estos toques finales crean esa capa final de maravilla navideña, dando vida a tu corona de la manera más festiva posible.

# Cintas y personalizaciones creativas

Coge el lazo y no lo pienses demasiado: aquí es donde tu corona adquiere ese brillo extra. Los lazos tienen una forma de transformar la corona más básica en algo especial, como el toque final de un regalo envuelto. Comienza eligiendo los colores adecuados: tal vez los rojos y verdes intensos de una Navidad clásica, o atrévete con los dorados y plateados metálicos para darle un toque de glamour. Las texturas también importan: satén para un aspecto suave y rico o arpillera si te inclinas por el encanto rústico. Estas pequeñas elecciones darán forma a todo el estilo de tu corona.

Ahora viene la parte divertida: hacer el moño. No es tan complicado como parece. Quieres que el moño se vea lleno y festivo, no rígido ni forzado. Comienza enrollando la cinta sin apretarla en tu mano, creando pliegues suaves. Pellizca el centro y sujétalo con un trozo de alambre floral o cuerda, dejando que los bucles se hinchen naturalmente. No te preocupes por la simetría.

Deja que quede ligeramente desigual, con las colas colgando en diferentes longitudes. Ese aspecto imperfecto y hecho a mano agrega encanto y carácter.

El lazo debe quedar casi sin esfuerzo, como si hubiera sido diseñado para caer en su posición en la corona.

Una vez que el moño esté listo, solo queda colocarlo. Colócalo cómodamente en la base, descentrado o directamente en la parte superior. Donde sea que lo coloques, el lazo debe fluir como una extensión natural de la corona. Deja que las colas cuelguen, enroscándose y retorciéndose entre las hojas, como si estuvieran bailando con el viento frío. Incluso puedes dejar que cuelguen de la parte inferior de la corona, lo que dará una sensación de movimiento.

Si su corona se siente un poco rígida, la cinta la ablandará rápidamente.

Pero no te quedes con una sola cinta. Coloca capas de diferentes anchos, texturas y colores. Comienza con una cinta más gruesa y sólida como base, luego teje una cinta más angosta con una textura o color contrastante. Tal vez incluso puedas agregar una cinta transparente o de encaje para darle ese toque delicado. Las capas de cinta brindarán profundidad y harán que la corona se sienta rica y llena, como si estuviera llena de alegría festiva. La combinación de cintas de colores ofrece una sensación divertida y dinámica que captura la mirada y te lleva a una actitud festiva.

Ahora, aquí es donde realmente puedes ser creativo. Personalizar tu corona es lo que la hace tuya, así que piensa más allá de las cintas. Toma los restos de tela de manualidades navideñas anteriores y átalos en pequeños lazos o nudos alrededor de la corona. Estas inesperadas ráfagas de textura pueden crear una atmósfera hogareña y artesanal. O usa tiras de tela a cuadros, atadas con nudos sueltos para darle un aire de cabaña invernal. Estos son los pequeños detalles que le agregan un toque cálido y personalizado a tu corona.

Recuerda elegir colores de temporada. Aunque el rojo y el verde son los colores tradicionales, puedes experimentar con una amplia gama de tonos de temporada. Para darle a tu corona un aire fresco e invernal, añade algunos blancos helados o azules hielo. Como alternativa, utiliza morados y dorados intensos y profundos para darle un tono opulento y rico. La repisa de la chimenea y los adornos del árbol deben combinarse para crear una fantasía invernal unificada, con los colores actuando como una extensión de tu casa. Ese espíritu de alegría debe reflejarse en cada cinta y retazo de tela, una pequeña parte de ti en cada pliegue.

Pero también hablemos de las texturas. Las capas son muy propias de la Navidad, tanto en términos de color como de textura. Añade cintas de terciopelo a la corona para darle un ambiente acogedor y atractivo que invite a la gente a acercarse y tocarla. Para una estética más rústica y al aire libre que te recuerde los aromas terrosos de los bosques de pinos, añade arpillera o cordel. Las lentejuelas y los hilos metálicos captarán la luz y brillarán contra la vegetación como estrellas si buscas un look glamuroso. Es importante combinar diferentes texturas y permitir que se unan de forma orgánica. Esto le da a la corona un aspecto lujoso y escalonado sin que parezca demasiado acabada.

No te limites a pegar todo y darlo por terminado en lo que respecta a la seguridad. Puedes pasar algunas bayas por los lazos o un tallo de acebo por debajo de la cinta para dar la impresión de que la propia naturaleza ha dado los toques finales. Este es el punto en el que tu corona comienza a cobrar vida propia y se convierte en algo más que un simple conjunto que cambia y se expande con cada adición.

Se convierte en algo más que una simple decoración cuando lo personalizas: se convierte en una representación del encanto de la temporada.

Incluso puedes adornar la corona con pequeños recuerdos o chucherías. Tal vez puedas colocar algunas campanitas o adornos navideños antiguos de ocasiones anteriores. Estos toques únicos, pequeños recuerdos de inviernos pasados, dan esa sensación cálida y nostálgica. Solo ten cuidado de que no opaquen la corona: están destinados a ser acentos, no puntos focales.

# CAPÍTULO 3
# CENTROS DE MESA: CREANDO UN AMBIENTE FESTIVO PARA LAS COMIDAS

Una cena de Navidad debería ser como una fiesta navideña en sí misma, en la que cada mirada desde el otro lado de la mesa represente algo más que la comida en el plato. La magia comienza en el centro de la mesa. El objetivo es añadir toques festivos que hagan sonreír a la gente incluso antes de probar la comida. No se trata de recargar demasiado la mesa. Imagine un arreglo suntuoso de vegetación y velas parpadeantes.

El aroma a pino se mezcla con la suave luminosidad que se refleja en los platos y vasos. Es sencillo, pero une todo de una manera acogedora y acogedora.

Comienza con la base. Reúne lo que tengas, no te excedas. Unas cuantas piñas, algunas bayas artificiales y algunas ramitas de hojas perennes del jardín. Dispónlas de manera que un macizo de flores invernales forme el fondo ideal sin llamar la atención. Colócalas sobre el camino de mesa.

El sutil paisaje que estás creando permitirá que los detalles, la verdadera magia, brillen. Deja que las ramas caigan en cascada orgánicamente sobre la mesa, onduladas y curvadas como si pertenecieran allí y la naturaleza hubiera creado el entorno.

Ahora, las velas. Aquí es donde se necesita calidez. En lugar de pensar en algo grande y agresivo, considere colocar pequeños grupos votivos en el follaje. El brillo es más personal cuanto más pequeñas sean las velas.

Dispóngalas a distintas alturas para crear un aspecto extravagante y brillante. Las velas LED también son una gran opción si las velas reales parecen demasiado peligrosas (ya que, admitámoslo, los niños y las mascotas no se llevan bien con las llamas abiertas). La disposición es clave para crear la ilusión de que la luz baila entre las hojas e ilumina los platos y los rostros sentados alrededor de la mesa con suaves sombras y destellos de luz.

Necesitas algo de textura para contrastar con el brillo y los verdes.

Este es el momento de incorporar elementos metálicos, pero no demasiado. Imagina pequeños adornos dorados escondidos entre el follaje o campanillas plateadas esparcidas entre las piñas.

Estos delicados detalles brillantes llaman la atención y brindan un toque festivo y opulento sin ser estridentes. El secreto es la moderación. Aquí hay un brillo, allá hay un resplandor. Estás creando un momento, no adornando un árbol.

Hablando de momentos, este es el lugar donde uno puede agregar un toque personal. Tal vez sean algunas ramas de canela atadas con hilo o rodajas de naranja secas cuidadosamente dispuestas entre la vegetación. Estos pequeños detalles brindan a sus invitados una experiencia inmersiva al agregar textura, fragancia e intriga visual.

El perfume de canela y cítricos te transporta instantáneamente a un lugar cálido y confortable. El objetivo es crear un espacio que se sienta considerado, amable y vinculado íntimamente con la temporada, no con la perfección.

No dudes en utilizar lo que ya tienes. Saca los adornos que ya no sean adecuados para el árbol y dales un aire nuevo. Tal vez un juego de miniaturas o un juguete antiguo evoquen buenos recuerdos. Deja que formen parte de tu centro de mesa, con un poco de personalidad aquí y allá.

Cada elemento transmite una narrativa, y esta disposición debería hacer lo mismo: contar la historia de su temporada festiva, sus celebraciones y los recuerdos que espera crear alrededor de la mesa.

Ten en cuenta la altura del centro de mesa. No elijas nada demasiado alto ni pesado, ya que quieres que las personas puedan verse entre sí al otro lado de la mesa. Mantén un perfil bajo y una disposición amplia, pero asegúrate de que haya suficiente variedad para atraer la atención del espectador. Un jarrón de vidrio lleno de adornos o una base para pasteles de varios niveles decorada con velas y vegetación son dos ejemplos de elementos que puedes realzar. Se trata de construir capas de una manera que se sienta orgánica, como si todo cayera justo donde se supone que debería. No de una manera complicada.

Ten en cuenta el resto de la decoración navideña al elegir los colores. Si tu árbol está decorado en rojo y dorado, incorpora esos tonos en el centro de mesa colocando cintas entre las hojas o esparciendo pequeñas bayas rojas entre las piñas. Considera usar adornos esmerilados y candelabros plateados para combinar con la combinación de colores azul y plateado de tu hogar.

El objetivo es la cohesión, o un movimiento de una habitación a otra que conecte todo.

En lugar de parecer una producción independiente, su mesa debe realzar el ambiente festivo de su casa.

Ahora hablemos de los elementos finales, los pequeños detalles que le dan a este centro de mesa su carácter único. No son el tipo de cintas que se usan para envolver regalos. Imagine cintas sedosas y sueltas que parecen pertenecer al follaje, tal vez hechas de terciopelo o satén. Anúdelas sin apretar para que los extremos caigan naturalmente sobre la mesa con un susurro de buen gusto y refinamiento.

Las líneas fuertes de las bayas y las piñas se rompen con estas cintas, que aportan suavidad y movimiento. Con cada pieza, se incluyen más capas, textura y dimensión.

Introduce un tema si te sientes aventurero. Tal vez el punto focal de tu arreglo represente una escena de un bosque invernal, con pequeñas criaturas escondidas entre el follaje y luces brillantes. Otra opción es que el tema sea la elegancia clásica, acentuada por adornos antiguos y candelabros de vidrio con mercurio.

Las decisiones sutiles que establecen una sensación de lugar y época son más importantes que un tema llamativo y evidente. Incluso si se trata solo de una comida, sus invitados ni siquiera notarán el tema; en cambio, simplemente experimentarán la atmósfera que ha creado, lo que es como entrar en otro universo.

¿Lo mejor? Para lograrlo no es necesario contar con un decorador o florista profesional. La imperfección de este tipo de centro de mesa y su capacidad para capturar tu estilo y la esencia de tu hogar son lo que lo hace tan hermoso.

Se trata de superponer texturas, aportar calidez y atractivo con cintas y velas, y añadir profundidad. Cuando hayas terminado, tu mesa habrá asumido el papel de centro de la reunión navideña, donde se comparten comidas deliciosas y se crean recuerdos.

# Cómo crear una exhibición de velas y piñas

Imagínese el entorno: una mesa cubierta por la suave luz de una vela, piñas esparcidas como si fueran purpurina natural y el aroma a pino que impregna el aire. El objetivo de este centro de mesa es capturar el encanto acogedor y rústico de la temporada navideña en lugar de ser ostentoso. Primero se utilizan los componentes más básicos: piñas y velas. Se puede crear un gran impacto con poco; todo está en la disposición y los toques finales que marcan la diferencia.

Reúne primero los materiales. Para rellenar los espacios, reúne un puñado de piñas, algunas velas altas y bajas y quizás algo de follaje. Considera las piñas como la base del mundo natural. Ofrecen algo de textura y un toque de elegancia rústica, por lo que son más que simples adornos. No es necesario hacer nada elaborado con ellas. Simplemente sacúdelas brevemente para eliminar los trozos restantes y luego guárdalas. Estas piñas básicas están a punto de transformarse en algo parecido a un paraíso invernal.

Ahora, concéntrate en las velas. Elige velas de diferentes alturas para añadir interés visual. Las velas más altas deben colocarse en el medio, con las más bajas rodeándolas. Este diseño gana profundidad y atrae la mirada con su aspecto escalonado. Utiliza velas con delicados aromas navideños, como canela o pino, para darle un toque más de estilo. Tu mesa se convertirá en un festín para todos los sentidos, así como un festín para la vista gracias al aroma, que elevará toda la experiencia.

EXPERIMENTEMOS UN POCO con la ubicación. Coloca una base de follaje artificial o real sobre la mesa. Esto actuará como fondo y aportará un toque de verde para acentuar las velas y las piñas. Coloca las piñas en un grupo alrededor de las velas, colocándolas entre el follaje. Deja que las piñas caigan donde quieran, pero mantén las velas más altas en el centro; quieres que el efecto sea natural.

Además de crear un punto focal, esto permite que la luz de las velas se refleje elegantemente en las piñas.

Es posible que desees espolvorear las piñas con purpurina o nieve artificial para darles un toque festivo. Es como si las espolvorearas ligeramente con magia. Pero no te excedas. Para capturar ese brillo festivo sin opacar la belleza natural de las piñas, basta con un toque ligero.

Recuerda tener en cuenta los candelabros. Para añadir un toque rústico, puedes envolver con un cordel o cinta los candelabros de cristal que estés utilizando. Elige candelabros metálicos que brillen y ofrezcan un toque de brillo para lograr una apariencia más refinada.

Antes de colocar las velas sobre la vegetación, colóquelas en estos candelabros.

Todo el arreglo se realza con este pequeño detalle, que le da un aspecto sofisticado y accesible.

El equilibrio es la clave para un espectáculo hermoso. Pruebe a colocar las velas y las piñas de diferentes maneras hasta lograr la disposición perfecta. Además de una variedad de texturas y alturas, lo que busca es una sensación de coherencia. Considere la apariencia general en lugar de concentrarse en cada componente por separado.

Retroceda con frecuencia para ver cómo funciona todo en conjunto. Hay situaciones en las que dejar que las cosas encajen de manera natural da como resultado el arreglo ideal.

Considere incluir algunos objetos pequeños con temática navideña en su centro de mesa si desea darle un poco más de estilo. Agregue un poco de encanto navideño adicional con pequeños adornos, pequeñas cajas de regalo o incluso algunas ramitas de acebo. Distribuya estos pequeños objetos entre las velas y las piñas, asegurándose de que realcen en lugar de desentonar con los puntos focales de su arreglo.

# Añadiendo nieve y brillo para el toque final

Imagínese esto: con unos simples ajustes, su mesa, que ya está decorada con piñas y velas, se transforma en un impresionante paraíso invernal. No solo las decoraciones, sino también la nieve artificial y la iluminación bien ubicada son el ingrediente secreto que eleva un centro de mesa común y corriente a una espectacular obra de arte.

En primer lugar, la nieve artificial. Se trata más de incorporar un poco de ese estilo invernal que de hacer que tu mesa parezca una tormenta de nieve.

Espolvorea un poco de nieve sobre la base del arreglo de velas y piñas. La nieve debe brillar y reflejar la luz, lo que le dará a toda la escena un aspecto limpio y helado. Parece como si una nevada ligera hubiera besado tu mesa, lo que le dará a tu casa el clásico encanto invernal.

Seleccione nieve artificial, escogiendo variedades con un toque de brillo o destellos. El objetivo es capturar la luz de una manera que resulte mística, no crear una tormenta de nieve.

Dispérnela ligeramente entre las piñas y alrededor de la base de las velas.

Un poco es suficiente; si usas demasiado, corres el riesgo de opacar la belleza inherente de tu pieza central. En lugar de ocultar los componentes que ya has ensamblado, opta por una ligera capa de polvo que les dé vida.

A continuación, piense en la iluminación. Establecer el tono adecuado es importante, pero también lo es asegurarse de que el punto focal sea la estrella del espectáculo. Las pequeñas luces LED son ideales para este tipo de trabajo. Ofrecen un brillo suave y ambiental y son fáciles de incorporar a su arreglo sin ocupar el centro del escenario.

Asegúrate de colocarlas de manera uniforme para que tengan un aspecto agradable, envolviéndolas alrededor de las velas o colocándolas entre las piñas. El objetivo es generar una iluminación suave que resalte el brillo de la nieve artificial y le dé a tu mesa festiva una calidez acogedora.

Si te sientes realmente atrevida, considera agregar un poco de polvo de hadas, en sentido figurado.

Se pueden usar pequeñas lentejuelas o purpurina como toques brillantes para darle un toque mágico a la nieve al captar la luz. Recuerda que los matices son esenciales.

En lugar de competir con el resto de la pieza central, lo que quieres es que estos detalles la acentúen. Tu mesa lucirá más brillante sin resultar estridente con un pequeño toque.

Piensa también en dónde quieres que esté el centro de mesa. El lugar ideal es aquel que sea seguro y permita admirarlo. Asegúrate de que nada que pueda incendiarse esté demasiado cerca de las velas reales, si las vas a usar. Lo primero y más importante: ¡la seguridad! Coloca el centro de mesa en un lugar en el que las luces lo acentúen bien y donde no se caiga ni se mueva durante las comidas de las vacaciones.

Examina el entorno que rodea tu mesa. Si hay iluminación en el comedor, bájala un poco para que brillen las velas y las luces de colores. Cuando prepares un bufé o una cena más relajada, asegúrate de que el espacio esté bien iluminado y que el punto focal sea la pieza central. El objetivo es crear un punto focal espectacular que capte la atención y establezca el ambiente para tu alegre ocasión.

Recuerda mantenerlo en privado. Tu centro de mesa debe transmitir tu propio ambiente festivo. Agrega algunos pequeños elementos con un toque sentimental, como pequeños adornos o recuerdos con temas navideños que tengan un significado especial para ti. Tu centro de mesa se convierte en parte de tu historia navideña en lugar de ser simplemente una decoración gracias a estos pequeños detalles.

# CAPÍTULO 4
# PANTALLAS DE LUZ PARA EXTERIORES

No hay nada como un espectáculo de luces exteriores para convertir tu casa en un paraíso invernal durante la temporada navideña. Imagina tu casa adornada con luces brillantes que brinden un espectáculo fascinante contra el cielo nocturno y tienten a los espectadores a detenerse y disfrutar del espíritu navideño. Se necesita algo más que simplemente colgar algunas luces para transformar tu casa en un mágico espectáculo de luces navideñas por la noche.

Para empezar, asegúrate de que toda la casa esté bien iluminada. El objetivo es crear un marco que llame la atención sobre el edificio. Para atraer la atención hacia las puertas, las ventanas y la línea del techo, utiliza iluminación. Las tiras de LED son ideales para este trabajo; son brillantes, ahorran energía y pueden cubrir una gran superficie sin vaciar tu bolsillo. Asegúrate de que las luces estén colocadas de manera uniforme a medida que las colocas para evitar áreas desniveladas. Una casa que parece brillar desde cualquier perspectiva, con un área de luces que fluye suavemente hacia la siguiente, tiene una calidad muy atractiva.

A continuación, piensa en darle más profundidad y dimensión a tu decoración. En este caso, las luces de suelo pueden ser muy útiles. Colócalas en parterres, caminos y aceras. Estas luces ofrecen una capa de brillo que baila bajo los pies de los invitados, además de dirigirlos hacia la entrada. Si tienes arbustos o árboles en tu jardín, considera la posibilidad de colocar luces a su alrededor para enmarcar tu casa con columnas de colores brillantes. Es como salpicar tu paisaje con estrellas; cada una de ellas realza la imagen general.

No tenga miedo de utilizar figuras e inflables para darle un toque extravagante. Puede utilizar muñecos de nieve, Papá Noel y renos como centros de mesa extravagantes para su presentación. Dispóngalos de manera festiva para saludar a los invitados, tal vez en su jardín delantero o junto a la entrada. Solo tenga cuidado con el tamaño; aunque las decoraciones más pequeñas podrían perderse, las más grandes podrían rápidamente apoderarse de la habitación. Para asegurarse de que estos componentes funcionen en armonía con las luces en lugar de contra ellas, el equilibrio es esencial.

Recuerda que no se trata solo de la iluminación. Piensa en usar coronas y guirnaldas iluminadas en tu diseño. Una corona iluminada en la puerta de entrada crea una entrada atractiva y acogedora. Del mismo modo, colocar una guirnalda sobre el marco de una ventana o alrededor de una barandilla le da a tu decoración una sensación de refinamiento y coherencia. Elige guirnaldas con luces integradas para lograr una apariencia uniforme que no implique cableado adicional ni problemas.

Incluye algunos proyectores o luces que cambian de color en tu instalación para mejorar la atmósfera. Las luces que cambian de color le dan a tu exhibición un toque dinámico al alternar entre diferentes tonos y darle vida a tu jardín. Por otro lado, los proyectores pueden agregar una capa adicional de encanto a la fachada de tu casa sin necesidad de una instalación compleja al proyectar paisajes navideños o patrones de copos de nieve sobre ella.

La prioridad número uno al instalar iluminación exterior es la seguridad. Asegúrese de utilizar cables de extensión aptos para uso en exteriores y de que todas las conexiones eléctricas estén bien ajustadas. Las estacas en el suelo pueden ayudar a mantener los cables ajustados y evitar el riesgo de tropiezos.

SI UTILIZA TEMPORIZADORES, asegúrese de que estén programados para encender y apagar las luces en los momentos adecuados para que no las deje encendidas toda la noche. Es una acción sencilla que puede ahorrar energía y evitar posibles problemas.

La iluminación que elijas influirá mucho en el resultado final. Elige patrones geométricos sencillos y motivos minimalistas para conseguir un aspecto más contemporáneo.

# Cómo elegir las luces y su ubicación adecuadas

Las luces adecuadas, en los lugares correctos, pueden transformar verdaderamente su casa en un paraíso festivo. Con tantas variaciones disponibles, seleccionar luces de cadena aptas para exteriores puede parecer una tarea difícil. Priorice la calidad y la seguridad primero. Asegúrese de que las luces que elija estén marcadas para uso en exteriores; esto garantiza que sean resistentes a la intemperie y reduce la posibilidad de problemas eléctricos.

En este caso, las luces LED son una excelente opción porque son duraderas, energéticamente eficientes y, lo mejor de todo, se mantienen frías al tacto, una ventaja si desea usarlas cerca de materiales combustibles.

Piensa en el tipo de luz que piensas utilizar. Mientras que las luces de colores aportan un estilo festivo evidente, las luces transparentes tienen un aspecto elegante y atemporal. Puedes elegir luces con distintos efectos, como luces intermitentes o centelleantes, para que resulten un poco más entretenidas. Se pueden combinar para ofrecer una decoración dinámica y visualmente impactante que brille en la oscuridad.

La longitud de las luces de cadena debe elegirse en función del tamaño del área y del nivel de cobertura deseado. El secreto es elegir luces que complementen su vista general y que sean lo suficientemente adaptables para funcionar en diversos entornos.

La ubicación es lo que marca la diferencia. Determine qué lugares tendrán la mayor influencia cuando diseñe el espacio por primera vez.

Dibuje el contorno de su techo para lograr una apariencia llamativa.

Este método atemporal atrae la atención hacia los detalles arquitectónicos de su hogar y produce una silueta poderosa. Coloque luces en cercas, barandillas y columnas para llevar el espíritu navideño al interior. Observe cómo caen las luces; cualquier inconsistencia o agujero puede restarle valor al efecto general.

No pase por alto el suministro eléctrico. Asegúrese de que los enchufes y los cables de extensión que tenga en el exterior sean adecuados para la tarea. Para evitar accidentes eléctricos, busque cables de extensión que sean impermeables y utilicen enchufes con interruptor diferencial.

Utilice una regleta de enchufes externa (evite sobrecargarla) si necesita conectar más de una cadena de luces. Un aspecto importante del espíritu navideño es la seguridad.

Considere la posibilidad de superponer elementos si desea que su diseño de iluminación se destaque. El uso de una variedad de artefactos de iluminación juntos puede brindar profundidad e interés. Los focos que resaltan su paisaje, por ejemplo, combinarían bien con las luces de cadena de la casa. Alternativamente, combine bombillas grandes y vibrantes con luces de cadena para producir un contraste extravagante.

Agregar capas a su exhibición puede darle textura y hacer que se destaque incluso desde la distancia.

El impacto de las luces también se ve afectado por la altura a la que las cuelgas. Las luces que cuelgan más arriba pueden iluminar un espacio más grande y producir un espectáculo espectacular, mientras que las luces que cuelgan más abajo resaltan detalles particulares. Cuando trabajes con árboles, utiliza luces para crear un efecto de cascada envolviéndolas alrededor del tronco y las ramas y dejando algunas colgando sueltas. Esta técnica le da a tu jardín un aspecto encantador y natural.

Antes de decidir la ubicación definitiva de las luces, pruébelas un tiempo. Una vez enchufadas, realice los ajustes necesarios. Esta etapa garantiza que todo funcione correctamente y le permite ver cómo se ven en diferentes entornos.

Una vez realizadas las modificaciones necesarias, fije las luces firmemente con clips o ganchos aptos para exteriores. Esto mantiene las luces exactamente donde las desea y ayuda a evitar que se comben.

Otro consejo que puedes dar es utilizar enchufes inteligentes o temporizadores de luz para automatizar la visualización de la luz. Los temporizadores te permiten establecer horarios precisos para encender y apagar las luces, lo que ahorra energía además de ser cómodo.

Con el uso de asistentes de voz o teléfonos inteligentes, puedes gestionar las luces de forma más cómoda con enchufes inteligentes. Con esta comodidad adicional, puedes cambiar la visualización sin esfuerzo desde la comodidad de tu propia casa.

Para lograr un aspecto más acabado, añada iluminación a su jardín. Utilice guirnaldas de luces o luces de suelo para atraer la atención hacia los arbustos, los canteros y los senderos. Con este método, la transición entre su casa y su jardín se suaviza, lo que le da a todo el espacio un ambiente alegre y acogedor.

Para darle un toque extravagante adicional que combine bien con su decoración principal, también puede pensar en agregar estacas de jardín o adornos iluminados.

# Realzando con guirnaldas y formas LED

Imagina tu casa cubierta de luces, con formas de LED que aportan un toque de magia a la noche y guirnaldas colgadas como cintas brillantes. Las formas de LED y las guirnaldas luminosas pueden hacer que tu decoración exterior pase de atractiva a espectacular. Con estos añadidos, tu jardín puede convertirse en un fantástico país de las maravillas donde cada pieza contribuye a un espectacular espectáculo navideño.

Empieza con guirnaldas. Puedes colgar estas decoraciones adaptables sobre vallas, barandillas y entradas. Están hechas de una variedad de materiales, como arpillera, oropel y vegetación. Ya sea una guirnalda tradicional de hojas perennes o algo más contemporáneo, elige una guirnalda que combine bien con tu decoración actual. Elige guirnaldas que tengan luces LED integradas para darles más brillo. Las texturas ricas y la iluminación suave funcionan juntas para crear un ambiente acogedor.

A LA HORA DE COLGAR guirnaldas, sigue tu imaginación. Puedes colgarlas del techo de un porche cubierto, envolverlas sobre los pasamanos de la escalera o colgarlas sobre la puerta de entrada. Cada lugar presenta una nueva oportunidad para elevar la atmósfera alegre. Utiliza ganchos o pinzas para guirnaldas aptos para exteriores para mantener todo organizado. Esto evita que las guirnaldas se caigan o se deformen y mantiene su aspecto elegante.

AHORA HABLEMOS DE LAS formas de los LED. Estas no son las típicas luces navideñas. Imagina bastones de caramelo que brillan, copos de nieve que relucen y estrellas que titilan para darle un toque divertido a tu decoración. Las formas de los LED están disponibles en una variedad de diseños, cada uno de los cuales aporta un toque único de magia. Colócalas en lugares estratégicos a lo largo de tu jardín para generar puntos focales llamativos. Puedes colgar estrellas de los aleros, plantar un copo de nieve en un árbol o alinear una pasarela con brillantes bastones de caramelo.

Al trabajar con formas LED, considere la posibilidad de superponerlas. Para agregar profundidad e intriga, combínelas con guirnaldas y luces de cadena. Por ejemplo, adorne el tronco de un árbol con una guirnalda y coloque copos de nieve LED sobre ella. Otra opción es colgar una cadena de luces sobre una cerca y espaciar las estrellas brillantes para fijar la cadena. Este tipo de superposición mejora el atractivo estético y le da al diseño una sensación dinámica.

Piensa en el tamaño de las formas de las luces LED. Si bien se pueden colocar decoraciones más pequeñas por todas partes para lograr un aspecto más discreto, las más grandes pueden servir como piezas llamativas. Prueba con distintos tamaños y ubicaciones para determinar cuál se adapta mejor a tu área. No temas mezclar y combinar formas para ofrecer variedad y sorpresa.

Para darle un toque de refinamiento, combine sus formas LED con la combinación de colores de sus guirnaldas.

Si su guirnalda es de un verde clásico, las formas LED doradas pueden darle un toque elegante.

Para darle un toque futurista, combine guirnaldas plateadas con formas LED de color azul. Los colores combinados realzan la armonía de su presentación y garantizan un efecto unificado.

La seguridad es siempre una prioridad, especialmente en el caso de las decoraciones para exteriores. Asegúrese de que todas las formas y guirnaldas de LED sean aptas para su uso en exteriores para soportar las condiciones climáticas.

Para evitar riesgos, inspeccione periódicamente el cableado y las conexiones. Asegúrese de que todo esté bien sujeto para evitar accidentes o daños.

# CAPÍTULO 5
# ENVOLTURA DE REGALOS DIY

Abrir un regalo siempre es emocionante, pero envolverlo también lo es. No solo debe ocultarse el regalo, sino que el envoltorio también debe transmitir un mensaje y elevar cada regalo a la categoría de obra de arte. A continuación, le mostramos cómo elevar el simple acto de envolver regalos para que sus regalos se conviertan en el centro de atención de la reunión navideña.

Empieza por lo esencial y elige un papel de regalo que combine con la temporada actual. Aunque los motivos clásicos como bastones de caramelo, copos de nieve y renos siempre son populares, no tengas miedo de probar con estampados únicos o incluso creaciones caseras. Considera usar papel kraft y hacer tus propias decoraciones para agregar un toque personalizado. Es un lienzo en blanco que espera que tu imaginación se desate.

Después de elegir el papel, debe tener en cuenta el método de envoltura.

Si bien la precisión es importante, la perfección no es necesaria.

Un doblez prolijo y limpio puede marcar la diferencia. Para asegurarse de que el obsequio esté completamente cubierto, mida la cantidad de papel suficiente para cubrirlo por completo, más un poco de superposición. Para mantener las costuras prolijas y ocultas, use cinta adhesiva de doble faz y un par de tijeras afiladas para realizar cortes precisos.

Ahora pasemos a la parte divertida: los adornos. Aquí, las etiquetas, los lazos y las cintas son tus mejores aliados.

Un paquete sencillo puede convertirse en algo increíble con cintas. Elige un cordel para una apariencia rústica o cintas de raso grandes para un efecto opulento.

Experimente con diferentes texturas y colores para encontrar lo que complementa su papel y mejora el efecto general.

Otro método excelente para agregar estilo es con moños. Aunque existen moños prefabricados, hacer uno propio tiene una cualidad única. Con una pequeña cantidad de cinta o pegamento, fija el moño de cinta a la parte superior del obsequio. ¿Cuál fue el resultado? Un obsequio elegante que parece comprado en una boutique.

Recuerda incluir etiquetas para regalos. Ofrecen la oportunidad de agregar un toque extravagante o un mensaje personal además de ser utilitarias. Con un poco de imaginación y cartulina, haz tus propias etiquetas. Escribe un comentario sincero o decora con pegatinas y sellos. Para lograr un aspecto más acabado, ata un trozo de cuerda o cinta alrededor de la etiqueta.

Si quieres añadirle aún más ingenio, piensa en utilizar materiales naturales. Puedes atar pequeños adornos, hojas de acebo o piñas a la cinta para darle un toque festivo adicional.

Sólo asegúrese de que todos los componentes adicionales estén firmemente sujetos para evitar pérdidas o daños.

Otra idea creativa es envolver el regalo con papel de un tipo, y rodearlo con un papel de contraste. De esta forma, el envoltorio tendrá más profundidad y atractivo. Para que todo tenga un aspecto uniforme, ata un lazo o una cinta de colores contrastantes. Es un truco fácil con un efecto potente.

Mantén el espacio para envolver regalos ordenado en todo momento. Tu capacidad para concentrarte en los detalles y disfrutar del proceso se beneficiará de un escritorio ordenado. Mientras trabajas en cada regalo, tómate tu tiempo y ten todos los materiales a mano. Puedes usar el envoltorio para mostrar tu lado artístico y agregar un toque personal a cada regalo.

Si a alguien le gustan los desafíos, piense en envolver los regalos de maneras inusuales.

Envuelva sus regalos con mapas antiguos, cuadrados de tela o bufandas.

Estos materiales inusuales pueden darle a la experiencia de regalar un toque personalizado y aumentar su memorabilidad.

Utilice mensajes secretos o cámaras ocultas para añadir un toque de sorpresa. Por ejemplo, coloque un regalo más pequeño o una carta en una caja más grande. Esto aumenta el nivel de entusiasmo del destinatario y hace que la experiencia de abrir el regalo sea más interesante.

# Diseño de etiquetas de regalo personalizadas con adornos

Las etiquetas de regalo personalizadas creadas a partir de adornos hechos a mano convierten cada regalo en una sorpresa alegre. No se trata solo de poner una etiqueta con el nombre en un regalo; se trata de ponerle su propio estilo y originalidad. Así es como puede convertir esos preciados adornos caseros en etiquetas de regalo únicas que realmente harán que sus regalos destaquen.

Primero, reúne los adornos. Considera los que has fabricado a lo largo de los años; ya sea que tengan una pequeña grieta, una forma inusual o simplemente no combinen del todo con el motivo de tu árbol, pero sean demasiado valiosos para tirarlos. Estos son candidatos ideales para la etiqueta de regalo que has elegido.

En primer lugar, prepara las decoraciones. Si son demasiado grandes, piensa en podarlas hasta que tengan un tamaño más manejable. Puedes cortar los trozos sobrantes con un alicate, de modo que te quede un trozo del tamaño ideal para una etiqueta. A continuación, para proporcionar una superficie lisa para escribir o decorar, lija las piezas de forma moderada si tienen un acabado brillante o bordes afilados.

Ahora es el momento de transformar estos adornos en útiles etiquetas para regalos. Ata un pequeño trozo de cinta o cuerda alrededor de cada adorno. Esto servirá como punto de sujeción, así que elige algo atractivo y resistente. Si el adorno no tiene un pequeño orificio en la parte superior, crea uno con un taladro o una aguja y pasa la cuerda por él. Haz un nudo apretado, dejando una pequeña cantidad de cuerda colgando para sujetar el regalo de forma sencilla.

Comencemos a experimentar con el diseño ahora. Una forma de empezar es personalizar cada adorno.

Escribe el nombre del destinatario o una nota breve y sincera directamente sobre el adorno con pintura o un marcador de punta fina. Asegúrate de que la pintura esté completamente seca antes de manipularla si la vas a usar para evitar que se corra. Agrega pequeños dibujos de estrellas, corazones o copos de nieve al nombre para darle un toque festivo.

Añade un poco de purpurina o adornos para darle un toque más alegre. Un poco de pegamento con purpurina puede transformar un adorno común en algo deslumbrante y alegre. Como alternativa, añade pequeñas piedras o pegatinas para darle textura y un toque de color.

Sólo asegúrese de que todo lo que agregue esté bien sujeto y no se suelte durante su manipulación.

Piensa en hacer capas para lograr un aspecto más prolijo. Debes envolver el adorno con un pequeño trozo de tela o papel estampado antes de fijarlo al regalo.

Esto puede darle más profundidad a la presentación de tu regalo y crear un hermoso contraste con el adorno. Para asegurarte de que el papel o la tela se mantengan en su lugar, usa una pistola de pegamento caliente para fijarlos.

# Cómo crear un elegante papel de regalo con plantillas y pintura

Hacer tu propio papel de regalo es una forma creativa de añadir un toque festivo y único a tus regalos. ¿Por qué no ponerte manos a la obra y crear algo realmente original en lugar de conformarte con diseños que puedes comprar en la tienda? Aquí te mostramos cómo usar pinturas, plantillas y sellos para crear un papel de regalo único.

Prioriza tus materiales reuniéndolos primero. Se requiere un rollo de papel de regalo simple, que sirve como lienzo.

Seleccione un papel liso y de alta calidad para obtener resultados óptimos. Además, necesitará plantillas o sellos con diseños festivos, como acebo, estrellas o copos de nieve. A continuación, necesitará pinturas, que tienen tonos festivos como dorado, plateado, escarlata y verde. Utilice cartón o láminas de espuma para crear sus propios diseños si no tiene plantillas o sellos.

Primero, prepara tu lugar de trabajo. Para evitar que las salpicaduras de pintura caigan sobre las superficies, extiende un trozo grande de plástico o periódicos viejos. Como las pinturas pueden ser extremadamente potentes, asegúrate de que tu lugar de trabajo tenga una ventilación adecuada. Para mantener el papel de regalo plano, desenróllalo y pégalo en los bordes con cinta adhesiva.

Hablemos ahora de las plantillas. Si vas a utilizar plantillas prefabricadas, fíjalas al papel con cinta de pintor para evitar que se muevan. Pinta sobre la plantilla con un pincel o una esponja. Evita cargar demasiado el pincel con pintura, ya que esto puede hacer que el diseño se vuelva borroso y se filtre debajo de la plantilla. Si aplicas la pintura con toquecitos, obtendrás una imagen clara y nítida. Cuando hayas terminado de cubrir el área de la plantilla, retírala con cuidado y deja que el papel se seque antes de continuar con una nueva porción o aplicación de la plantilla.

Una alternativa divertida es hacer tus propias plantillas si eres hábil con los proyectos de bricolaje. Corta láminas de espuma o cartón en formas navideñas. Asegúrate de que las formas sean lo suficientemente grandes como para que el papel de regalo tenga un diseño reconocible. Cuando tengas preparadas las plantillas, procede como antes: coloca la plantilla, aplica un poco de pintura y quítala con cuidado. Hay innumerables opciones creativas y personalizables con este enfoque.

Otra herramienta fantástica para crear diseños con papel de regalo es un sello. Puedes usar sellos que compres en el mercado o tallar papas o espuma para hacer los tuyos propios. Presiona con firmeza el papel de regalo después de sumergir el sello en la pintura.

Para establecer un patrón recurrente, repite el proceso según sea necesario. Prueba una variedad de colores y posiciones de sellos hasta que encuentres un diseño que te encante. Al igual que con las plantillas, espera hasta que la pintura esté completamente seca antes de continuar.

El papel de regalo adquiere profundidad e interés cuando se superponen los diseños. Comienza aplicando un color de base y deja que se seque por completo. A continuación, aplica un diseño contrastante encima utilizando plantillas o sellos.

Con este método, puedes producir un efecto magnífico y multidimensional que mejore el aspecto general del papel de regalo.

Recuerda incluir tus toques únicos. Puedes escribir nombres u otro texto directamente en el papel de regalo con un pincel pequeño. Para darle más brillo, piensa en incluir pequeños elementos como purpurina o detalles metálicos.

# CAPÍTULO 6
# LA GRAN FINAL

La culminación de la remodelación navideña es el momento en el que todo se une para generar una increíble fantasía navideña. En este punto, todo importa y la magia realmente sucede. Este es el momento de hacer realidad tu visión de las fiestas, desde las alegres decoraciones que dan la bienvenida a tus invitados hasta las luces brillantes que bailan alrededor de tu casa.

Empieza por la decoración exterior; considérala como la puerta principal que conduce a tu paraíso invernal. Tu casa debe ser un refugio cálido y acogedor. Comienza colocando hileras de luces brillantes sobre las ventanas y los aleros para crear un contorno para tu casa. Ya sea un llamativo esquema multicolor, un esquema blanco tradicional o una combinación de ambos, elige un esquema de colores que funcione con tu concepto general. Recuerda agregar algunos componentes más grandes y llamativos para crear un ambiente extravagante, como muñecos de nieve o renos iluminados.

Dale un toque de glamour a la escena con guirnaldas y coronas festivas mientras te diriges al patio delantero o al porche. Las guirnaldas se pueden colocar sobre los bordes, postes y barandillas de la puerta principal. Haz que destaquen agregando algunas cintas y luces brillantes. Crea una corona que sea sofisticada y encantadora al combinar vegetación convencional con adornos de temporada. Una entrada principal bellamente decorada emite un ambiente atractivo y permite que los visitantes sepan que están a punto de ingresar a un lugar magnífico.

Deja que la magia continúe dentro de tu casa con un árbol de Navidad bellamente decorado. Elige una posición en la que el árbol pueda ser admirado desde muchos ángulos. Adórnalo con una combinación de adornos tradicionales y únicos. Las guirnaldas de luces deben serpentear entre los árboles, dejando suficiente espacio para adornos, oropel y guirnaldas. Agrega un adorno para la punta del árbol que combine con el motivo general, como un ángel, una estrella o algo especial que tengas.

Otro elemento destacado es el comedor. Utiliza aros para servilletas, vajillas y centros de mesa de temporada para convertir tu mesa en un banquete digno de un rey o una reina. Puedes crear el ambiente con un camino de mesa de colores vibrantes y festivos. Piensa en combinar materiales naturales, como acebo y piñas, con pequeños y deslumbrantes adornos o velas. Cada ambiente debe tener una atmósfera única con detalles bien pensados que hagan que cada invitado se sienta honrado.

La decoración del ambiente es el último detalle. Las medias navideñas deben colgarse con cuidado, con detalles únicos que capturen la esencia de cada miembro de la familia. Tus áreas de estar se verán más acogedoras y festivas si esparces mantas y almohadas festivas por todas partes. Usa difusores o velas para agregar fragancias navideñas, haciendo que la experiencia olfativa complemente la extravagancia visual.

Tu casa puede tener un aire de país de las maravillas en cada área. Coloca guirnaldas o obras de arte con temas navideños junto a marcos de fotos y repisas de chimenea como pequeños toques finales. Coloca figuras o viñetas festivas en lugares inesperados, como una escena festiva sobre una estantería o una bandeja llena de delicias navideñas sobre la mesa de café.

Reproduce algunas de tus canciones navideñas favoritas en una lista de reproducción; la música mejora el ambiente. La música adecuada eleva la experiencia y llena la casa con una atmósfera alegre que se extiende por todos lados.

# Coordinación de decoraciones interiores y exteriores

Imagínese entrar en un espacio cálido y acogedor que parezca una continuación natural de su decoración navideña al aire libre después de salir al aire fresco del invierno. Cuando crea un flujo coherente entre las decoraciones exteriores e interiores, su casa se convierte en un paraíso invernal completamente amueblado, en el que cada área complementa a las demás.Para empezar, elija una combinación de colores que funcione en ambos espacios. Seleccione tonos que complementen bien los espacios interiores y que funcionen bien con la luz natural. Se puede lograr un aspecto cohesivo utilizando el tradicional rojo y verde, el azul helado y el plateado o el sofisticado dorado y el blanco. Cada cambio del exterior al interior se siente planificado y con un propósito cuando los colores coordinan.

Considere que su patio delantero es una magnífica presentación desde el exterior.

Los invitados son conducidos hasta su puerta por un camino maravillosamente iluminado, a través del cual aparecen los primeros destellos de su tema interior. Cuando los invitados entren a su casa, use luces complementarias o guirnaldas en sus barandillas exteriores para dirigir su mirada con los mismos colores y patrones.

Los visitantes deben sentir la misma maravilla que sintieron afuera tan pronto como entren. Primero, cuide la entrada. Decórela de una manera que refleje la temática del exterior. Si utilizó carámbanos y copos de nieve en el exterior, lleve esa temática al interior con una guirnalda brillante o una corona de nieve.

Esto establece un vínculo instantáneo entre las dos áreas y prepara al espectador para un encuentro perfecto.

Lleve esta armonía al interior con la decoración de su árbol. Si ha decorado su espacio al aire libre con luces brillantes y enormes, considere usar luces algo más pequeñas y similares para su árbol de Navidad. Continúe usando adornos y decoraciones que combinen con el tema de su exterior.

Incluso podría usar algunos del mismo color o patrón de las decoraciones de su árbol.

Otro lugar crucial donde esta sincronización se destaca es el comedor. Si su comedor tiene luces exteriores que titilan, reproduzca el efecto en el interior con velas o guirnaldas de luces a los lados. Un centro de mesa que complemente los tonos y elementos de diseño de su decoración exterior unifica todo el aspecto.

Considere la posibilidad de aplicar capas a la decoración. Por ejemplo, incorpore elementos con encanto rústico, como arpillera y piñas, en la decoración interior si su espacio exterior tiene un concepto similar.

De manera similar, para temas extravagantes, lleve la diversión al aire libre con decoraciones coloridas y diseños festivos.

Recuerde los detalles. Complemente las guirnaldas y coronas de interior y exterior. Busque luces interiores que tengan el mismo color que las luces exteriores, si son de color blanco cálido. Este tipo de atención meticulosa a los detalles mantiene la coherencia en el diseño general de su casa.La suave combinación se ve reforzada incluso por los detalles más pequeños. Utilice lazos o cintas idénticos en el interior y el exterior. Elija una pieza complementaria para el interior si tiene un determinado adorno o decoración en el exterior. Estos pequeños ecos crean una sensación de intencionalidad y unidad.

Además, los componentes interactivos, como las manualidades caseras o las decoraciones personalizadas, ayudan a cerrar la brecha. Si fabrica adornos para árboles personalizados, piense en crear productos a juego para exhibiciones al aire libre, o viceversa.

# Cómo añadir aromas y sonidos para crear un ambiente festivo multisensorial

Imagina que te recibe un cálido y alegre abrazo que satisface todas tus sensaciones nada más entrar en tu casa durante las fiestas. Es más importante tener en cuenta cómo te hace sentir algo que cómo se ve. Para transformar tu casa en un auténtico paraíso vacacional, debes crear una experiencia multiauditiva que encarne el espíritu navideño en todo el espacio.

Empieza con el aroma. Es sorprendente la rapidez con la que un aroma conocido puede evocar recuerdos y emociones asociadas con las fiestas. Los aromas navideños clásicos, como el pino, la canela y la nuez moscada, te transportan a mercados festivos llenos de gente y bosques helados. Llena tu casa con el aroma navideño tradicional hirviendo ramas de canela en la estufa o encendiendo velas perfumadas con pino. Puedes utilizar difusores de aceites esenciales para lograr un estilo más discreto. Elige mezclas que tengan un toque de cítricos mezclado con pino para crear un ambiente limpio y energizante. Recuerda que el objetivo es dejar la habitación con un toque de aroma sin abrumarla.

Luego, piensa en cómo la música hace que las fiestas sean más festivas. Las canciones adecuadas pueden convertir tu casa en un refugio festivo, ya que la música tiene la capacidad de crear el ambiente al instante. Haz una lista de reproducción con tus canciones navideñas favoritas de todos los tiempos, desde melodías alegres de temporada hasta villancicos clásicos. Organiza los altavoces de forma que la música fluya por toda la habitación en lugar de retumbar desde un solo lugar. Haz listas de reproducción adecuadas para distintos momentos del día.

Los villancicos tradicionales mezclados de forma suave pueden saludar a los invitados, mientras que la música más animada y contemporánea puede animar sus reuniones navideñas.

Pero no te limites a la música. Considera incluir paisajes sonoros que mejoren el ambiente festivo. Piensa en sonidos ambientales, como el suave repiqueteo de la nieve al caer o el crepitar de un fuego. Estas opciones están disponibles en muchos dispositivos y aplicaciones de sonido, lo que mejora aún más la inmersión. Para agregar un elemento caprichoso, es posible que incluso desees tener algunas campanas o carillones festivos que suenen cuando los visitantes ingresan a determinadas habitaciones.

Otro componente de esta experiencia multisensorial es la textura. Las alfombras mullidas, las almohadas mullidas y las mantas suaves invitan a los visitantes a relajarse y disfrutar de la atmósfera festiva.

Seleccione texturas que calienten la habitación y combinen bien con su decoración. Los tejidos de punto, el terciopelo y la piel sintética transmiten comodidad y celebración. Coloque estos elementos en la sala de estar o en el rincón de lectura, o en cualquier otra área donde la gente se reúna de forma natural.

A pesar de su importancia, los componentes visuales funcionan mejor cuando se combinan con el sonido y el olfato.

LA BELLEZA DE LOS ELEMENTOS festivos, el brillo de las decoraciones y el brillo de las luces brillantes se suman a la experiencia general. Asegúrese de que todos estos detalles visuales sean visibles desde diferentes áreas de su casa para que el festín visual sea continuo. El juego de luces y sombras realza el ambiente festivo al brindar profundidad e intriga.

Considere incorporar estos aspectos sensoriales a sus costumbres navideñas para darle un toque extra especial. Establezca una tradición familiar que incluya encender una vela especial, escuchar su música navideña favorita y beber bebidas calientes.

Estos momentos se convierten en costumbres preciadas que realzan el encanto de la temporada y crean una atmósfera acogedora y feliz en su hogar.

# RESUMEN

Terminemos este viaje juntos convirtiendo tu casa en un paraíso de vacaciones. Imagínate esto: la vista, el sonido y el aroma de tu hogar se combinan a la perfección para crear un deslumbrante faro de placer vacacional. Un ambiente místico, como el de un paraíso invernal, creado por la atención a cada detalle y cada rincón.

Empiece imaginando que su habitación se transforma en un refugio cálido y acogedor durante las vacaciones. El aroma de galletas recién hechas, canela y pino lo recibe cálidamente tan pronto como entra. Se trata de crear una experiencia sensorial que dé la bienvenida a todos los que cruzan la puerta, no solo de colocar algunas decoraciones.

Piense en las luces navideñas como algo más que una simple iluminación decorativa. Son las estrellas de su decoración exterior, iluminando su casa como un faro de alegría. Seleccione guirnaldas de luces que vayan con su estilo; opte por una combinación de colores atrevidos para una decoración animada y entretenida, o por un blanco clásico para una apariencia exquisita.

Colóquelos de manera que resalten mejor los elementos arquitectónicos de su hogar y no olvide rodearlos con árboles y arbustos para darle un toque mágico adicional.

Una vez dentro, la decoración puede mostrar tu lado artístico durante las fiestas. Imagina un gran centro de mesa para tu comedor, una composición de piñas y velas que combine la belleza de la naturaleza con un toque de magia navideña. Añade un poco de nieve artificial alrededor y una iluminación suave para realzar su encanto.

Cada comida se sentirá como una ocasión especial gracias a esta sencilla pero efectiva combinación que crea un punto de atención visual.

Utilice su creatividad a la hora de envolver regalos. Haga su propio papel de regalo con pinturas y plantillas festivas. Cada regalo se distingue por este toque personal, que también aumenta el deleite del destinatario. Utilice adornos hechos a mano como etiquetas de regalo para añadir un toque personalizado y artesanal a los regalos.

Utilice esta misma inventiva en su decoración exterior, donde las formas y guirnaldas LED añaden fantasía y atractivo a su instalación.

Deje que los patrones que semejan copos de nieve, estrellas o incluso criaturas divertidas adornen su jardín delantero. Esto crea una sensación de asombro que cautivará tanto a los espectadores como a sus invitados.

Asegúrese de que la decoración interior y exterior estén coordinadas para que su propiedad tenga un ambiente totalmente festivo.

Asegúrese de que los temas interiores fluyan naturalmente hacia el exterior, produciendo un diseño coherente que una toda la casa. Esta unidad entre la decoración interior y exterior intensifica el efecto mágico y hace que su casa se destaque durante la temporada festiva.

Por supuesto, no descartes la influencia del sonido y el olfato. Incorpora aromas navideños como la canela y el pino para crear la atmósfera perfecta para las fiestas.

Para crear el ambiente adecuado, combina esto con una lista de reproducción cuidadosamente seleccionada de canciones navideñas favoritas. Con este enfoque multisensorial, puedes estar seguro de que cada vez que alguien visite tu casa, se verá inmerso en una atmósfera festiva.

# PLAN DE ACCIÓN ESTRATÉGICO

1. **Planificación y presupuestación**
- **Establecer metas:** Determina la visión general de tu decoración navideña. Decide si quieres un estilo clásico, moderno o extravagante.
- **Crear un presupuesto:** Detalla cuánto estás dispuesto a gastar en adornos, luces y otros elementos. Asigna fondos a distintas categorías, como luces de exterior, adornos de interior y materiales para envolver regalos.

2. **Diseño del layout**
- Decoración de interiores: esboza un diseño básico de dónde quieres colocar las decoraciones principales. Considera puntos focales como la sala de estar, el comedor y la entrada.
- **Decoración exterior:** Planifique la ubicación de las luces, guirnaldas y otros elementos exteriores. Identifique las áreas clave, como el patio delantero, el porche y las ventanas.

3. **Compras y adquisición de suministros**
- **Compilar una lista:** Haz una lista de todos los artículos que necesitas, incluidas luces, adornos, papel de regalo, plantillas y otros suministros.
- **Comprar artículos:** Compra tus adornos y asegúrate de obtener materiales seguros y de alta calidad. Busca ofertas o descuentos para no salirte del presupuesto.

4. **EJECUCIÓN DE LA instalación de la decoración**
- **Luces exteriores:** Comience por instalar las luces exteriores. Pruébelas antes de montarlas para asegurarse de que funcionen correctamente. Utilice cables de extensión y temporizadores según sea necesario para mayor comodidad.

- **Decoraciones de Interior:** Comience con elementos más grandes, como el árbol y los centros de mesa principales. Luego, agregue adornos más pequeños, como velas, piñas y guirnaldas.

- **Envoltura de regalo:** Crea tu propio papel de regalo y etiquetas personalizadas. Instala una estación de envoltura para agilizar el proceso y garantizar la coherencia.

### 5. Añadiendo los toques finales

- **Olor y sonido:** Coloca velas aromáticas o difusores en toda la casa. Crea una lista de reproducción de música navideña para reproducir de fondo y realzar el ambiente festivo.

- **Comprobar la cohesión:** Asegúrese de que la decoración interior y exterior estén en armonía. Realice los ajustes necesarios para mantener un aspecto coherente.

### 6. Mantenimiento y actualizaciones

- **Controles periódicos:** Revise periódicamente las luces y las decoraciones para asegurarse de que todo funcione correctamente.

- **Refrescar la decoración:** Actualice o reemplace cualquier elemento que se haya dañado o esté desactualizado. Esté atento a las nuevas decoraciones que puedan realzar su tema.

### 7. Recopilación de comentarios

- Pide opiniones: obtén comentarios de familiares y amigos sobre tu decoración.

Utilice sus conocimientos para realizar los ajustes finales.

- Evaluar el impacto: reflexionar sobre lo que funcionó bien y lo que se podría mejorar para futuras temporadas de vacaciones.

### 8. Disfruta la temporada

- Organice eventos: invite a amigos y familiares a disfrutar de su espacio transformado. Planifique actividades festivas como fiestas, cenas o noches de cine.

- **Celebrar:** Tómate el tiempo para apreciar tu arduo trabajo y disfrutar de la atmósfera mágica que has creado.

Si sigue este plan de acción estratégico, podrá garantizar que su hogar se transforme en un paraíso festivo que cautive y deleite a todos los que lo visiten.

# Don't miss out!

Visit the website below and you can sign up to receive emails whenever NORA GREY publishes a new book. There's no charge and no obligation.

https://books2read.com/r/B-A-IDOTC-KGRHF

**BOOKS 2 READ**

Connecting independent readers to independent writers.

# Also by NORA GREY

Cómo Transformar tu Hogar en un Paraíso Navideño: Convierte tu hogar en el mágico país de las maravillas de Papá Noel

Milton Keynes UK
Ingram Content Group UK Ltd.
UKHW032048231124
451423UK00013B/1234